Impressum
Verlag: BABADADA GmbH, Nedderfeld 112 , 22529 Hamburg
Geschäftsführer / Verlagsleitung: Harald Hof
Druck: Books on Demand GmbH, In de Tarpen 42, 22848 Norderstedt

Imprint
Publisher: BABADADA GmbH, Nedderfeld 112 , 22529 Hamburg, Germany
Managing Director / Publishing direction: Harald Hof
Print: Books on Demand GmbH, In de Tarpen 42, 22848 Norderstedt

# mokykla
## l'école

klasė
la salle de classe

dalinti
diviser

186/2

lenta
le tableau noir

mokyklos kiemas
la cour (de récréation)

mokytojas
le professeur

popierius
le papier

rašyti
écrire

rašiklis
le stylo

rašomasis stalas
le bureau

liniuotė
la règle

knyga
le livre

mokinys
l'élève

kuprinė

le cartable

penalas

la trousse

pieštukas

le crayon

drožtukas

le taille-crayon

trintukas

la gomme

piešimo bloknotas

le carnet à dessin

piešinys

le dessin

teptukas

le pinceau

dažų dėžutė

la boîte de peinture

žirklės

les ciseaux

klijai

la colle

vadovėlis

le cahier d'exercices

namų darbai

les devoirs

numeris

le chiffre

pridėti

additionner

atimti

soustraire

dauginti

multiplier

skaičiuoti

calculer

raidė

la lettre

abėcėlė

l'alphabet

žodis

le mot

tekstas

le texte

skaityti

lire

kreida

la craie

pamoka

la leçon

dienynas

le livre de classe

egzaminas

l'examen

pažymėjimas

le certificat

mokyklinė uniforma

l'uniforme scolaire

išsilavinimas

la formation

enciklopedija

le lexique

universitetas

l'université

mikroskopas

le microscope

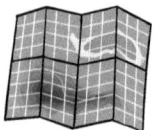

žemėlapis

la carte

šiukšliadėžė

la corbeille à papier

# kelionė
## le voyage

viešbutis
l'hôtel
Grand
svečių namai
l'auberge
ROOMS
valiutos keitykla
le bureau de change
lagaminas
la valise
mašina
la voiture


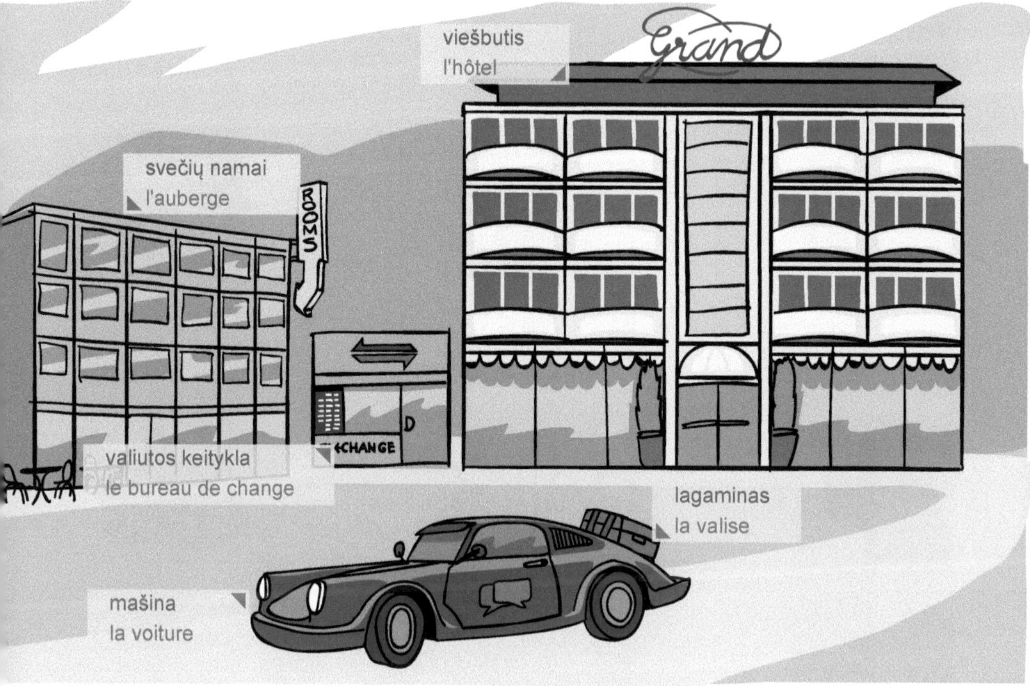

kalba
la langue

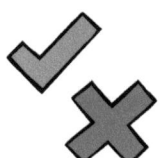

taip / ne
oui / non

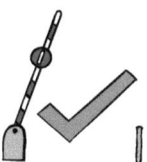

Gerai
d'accord

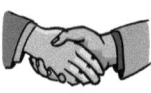

sveiki
Salut

vertėjas raštu
l'interprète

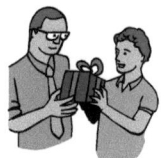

Ačiū
merci

kiek kainuoja...?

Combien coûte...?

aš nesuprantu

Je ne comprends pas

problema

le problème

Labas vakaras!

Bonsoir !

Labas rytas!

Bonjour !

Labos nakties!

Bonne nuit !

viso gero

Au revoir

kryptis

la direction

bagažas

les bagages

krepšys

le sac

kuprinė

le sac-à-dos

svečias

l'hôte

kambarys

la pièce

miegmaišis

le sac de couchage

palapinė

la tente

turizmo informacija

l'office de tourisme

paplūdimys

la plage

kreditinė kortelė

la carte de crédit

pusryčiai

le petit-déjeuner

pietūs

le déjeuner

vakarienė

le dîner

bilietas

le billet

liftas

l'ascenseur

pašto ženklas

le timbre

siena

la frontière

muitinė

la douane

ambasada

l'ambassade

viza

le visa

pasas

le passeport

# transportas
# le transport

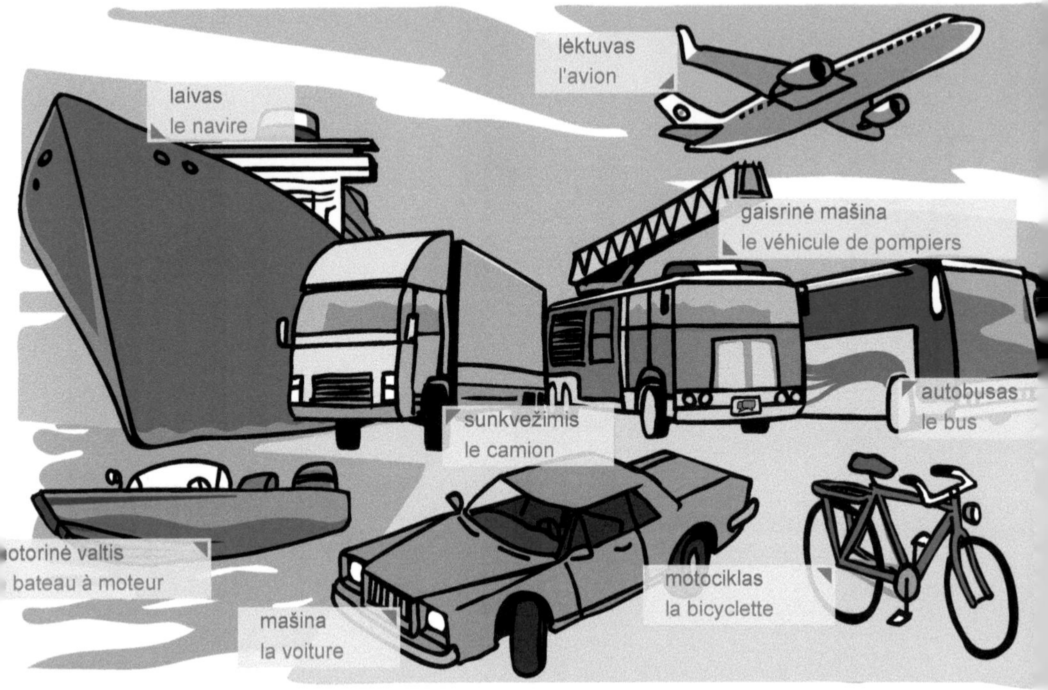

lėktuvas
l'avion
laivas
le navire
gaisrinė mašina
le véhicule de pompiers
autobusas
le bus
sunkvežimis
le camion
otorinė valtis
bateau à moteur
motociklas
la bicyclette
mašina
la voiture


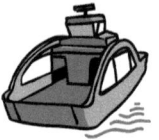

keltas

le ferry

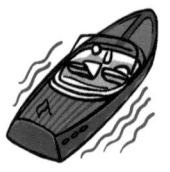

valtis

la barque

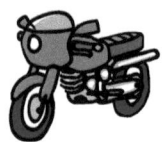

mopedas

la moto

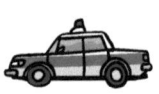

policijos automobilis

la voiture de police

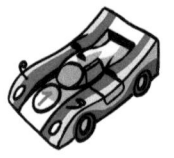

lenktyninis automobilis

la voiture de course

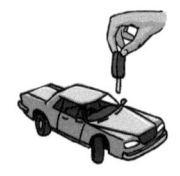

nuomojamas automobilis

la voiture de location

bendras automobilio
naudojimas

l'auto-partage

techninės pagalbos
automobilis

la voiture de remorquage

šiukšliavežė

la benne à ordures

variklis

le moteur

degalai

l'essence

degalinė

la station d'essence

kelio ženklas

le panneau indicateur

eismas

le trafic

eismo spūstis

l'embouteillage

mašinų stovėjimo aikštelė

le parking

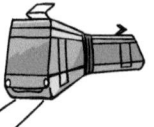

traukinių stotis

la gare

bėgiai

les rails

traukinys

le train

tramvajus

le tramway

vagonas

le wagon

sraigtasparnis

l'hélicoptère

oro uostas

l'aéroport

bokštas

la tour

keleivis

le passager

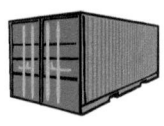

konteineris

le conteneur

dėžė

le carton

vežimėlis

le chariot

krepšys

la corbeille

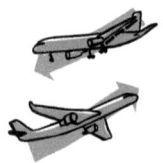

pakilti / nusileisti

décoller / atterrir

## miestas

## la ville

kaimas

le village

miesto centras

le centre-ville

namas

la maison

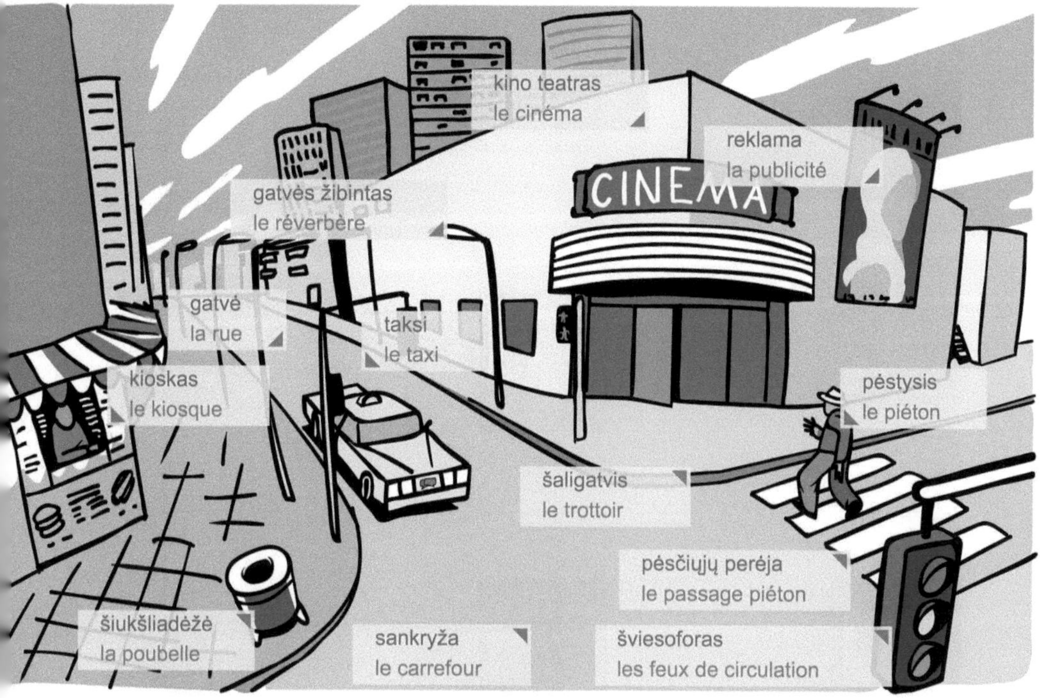

kino teatras
le cinéma

reklama
la publicité

gatvės žibintas
le réverbère

gatvė
la rue

taksi
le taxi

kioskas
le kiosque

pėstysis
le piéton

šaligatvis
le trottoir

pėsčiųjų perėja
le passage piéton

šiukšliadėžė
la poubelle

sankryža
le carrefour

šviesoforas
les feux de circulation

trobelė

la cabane

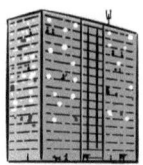

butas

l'appartement

traukinių stotis

la gare

rotušė

la mairie

muziejus

le musée

mokykla

l'école

miestas - la ville

universitetas

l'université

bankas

la banque

ligoninė

l'hôpital

viešbutis

l'hôtel

vaistinė

la pharmacie

biuras

le bureau

knygynas

la librairie

parduotuvė

le magasin

gėlių parduotuvė

le fleuriste

prekybos centras

le supermarché

turgus

le marché

universalinė parduotuvė

le grand magasin

žuvies parduotuvė

la poissonnerie

prekybos centras

le centre commercial

uostas

le port

**parkas**

le parc

**suoliukas**

la banque

**tiltas**

le pont

**laiptai**

les escaliers

**metro**

le métro

**tunelis**

le tunnel

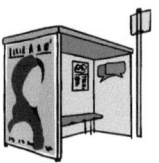

**autobusų stotelė**

l'arrêt de bus

**baras**

le bar

**restoranas**

le restaurant

**lauko pašto dėžutė**

la boîte à lettres

**kelio ženklas**

le panneau indicateur

**parkomatas**

le parcmètre

**zoologijos sodas**

le zoo

**baseinas**

le réverbère

**mečetė**

la mosquée

ūkininko ūkis

la ferme

tarša

la pollution

kapinės

la cimetière

bažnyčia

l'église

žaidimų aikštelė

l'aire de jeux

šventykla

le temple

# kraštovaizdis

## le paysage

lapas
la feuille

kelio rodyklė
le panneau indicateur

kelias
le chemin

pieva
le pré

akmuo
la pierre

medis
l'arbre

ėjikas
le randonneur

upė
la rivière

žolė
l'herbe

gėlė
la fleur

slėnis

la vallée

kalva

la montagne

ežeras

le lac

miškas

la forêt

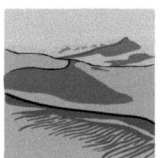

dykuma

le désert

ugnikalnis

le volcan

pilis

le château

vaivorykštė

l'arc-en-ciel

grybas

le champignon

palmė

le palmier

uodas

le moustique

musė

la mouche

skruzdėlė

les fourmis

bitė

l'abeille

voras

l'araignée

kraštovaizdis - le paysage

vabalas

le coléoptère

varlė

la grenouille

voverė

l'écureuil

ežys

le hérisson

kiškis

le lièvre

pelėda

la chouette

paukštis

l'oiseau

gulbė

le cygne

šernas

le sanglier

elnias

le cerf

briedis

l'élan

užtvanka

le barrage

vėjo jėgainė

l'éolienne

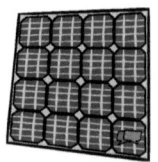

saulės baterija

le panneau solaire

klimatas

le climat

# restoranas
## le restaurant

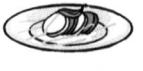

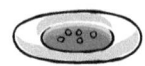

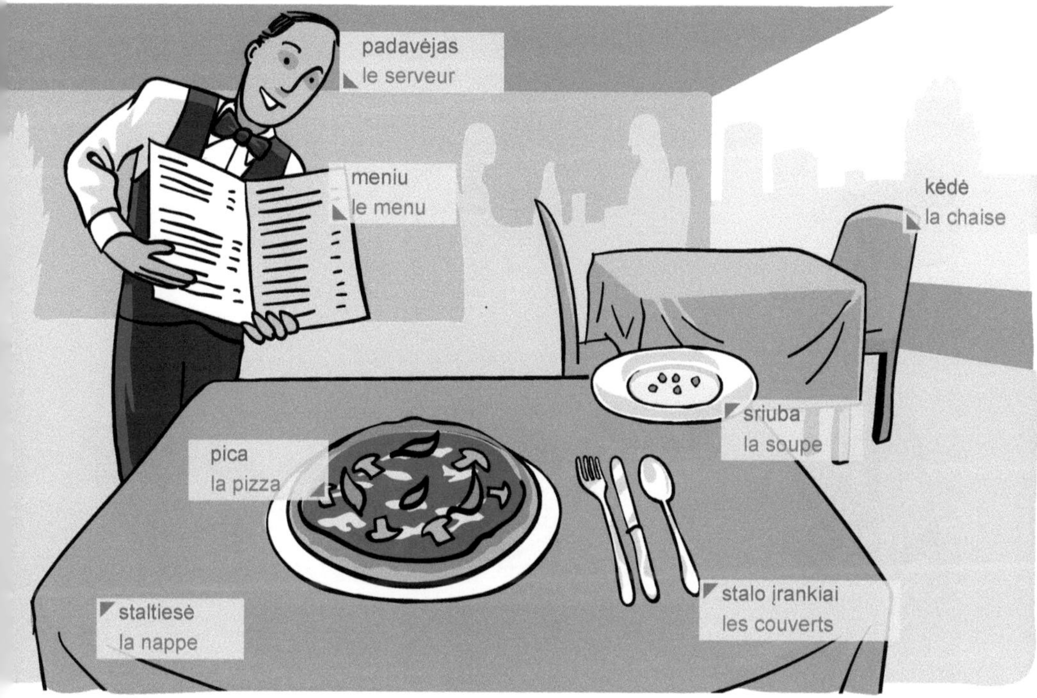

padavėjas
le serveur
meniu
le menu
kėdė
la chaise
sriuba
la soupe
pica
la pizza
stalo įrankiai
les couverts
staltiesė
la nappe


užkandis

les hors d'œuvre

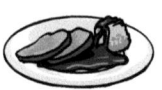

pagrindinis patiekalas

le plat principal

desertas

le dessert

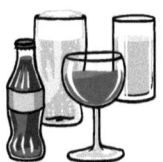

gėrimai

les boissons

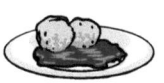

maistas

l'alimentation

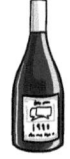

butelis

la bouteille

greitai pateikiamas maistas

le fast-food

gatvės maistas

les plats à emporter

arbatinukas

la théière

cukrinė

le sucrier

porcija

la portion

espreso aparatas

la machine à expresso

aukšta kėdė

la chaise haute

sąskaita

la facture

padėklas

le plateau

peilis

le couteau

šakutė

la fourchette

šaukštas

la cuillère

arbatinis šaukštelis

la cuillère à thé

servetėlė

la serviette

stiklinė

le verre

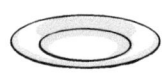

lėkštė

l'assiette

sriubos lėkštė

l'assiette à soupe

padėklas

la soucoupe

padažas

la sauce

druskinė

la salière

pipirų malūnėlis

le moulin à poivre

actas

le vinaigre

aliejus

l'huile

prieskoniai

les épices

kečupas

le ketchup

garstyčios

la moutarde

majonezas

la mayonnaise

# prekybos centras
## le supermarché

specialus pasiūlymas
l'offre promotionnelle
pirkėjas
le client
pieno produktai
les produits laitiers
FOR
vaisiai
les fruits
troleibusas
le chariot


BUTCHERS


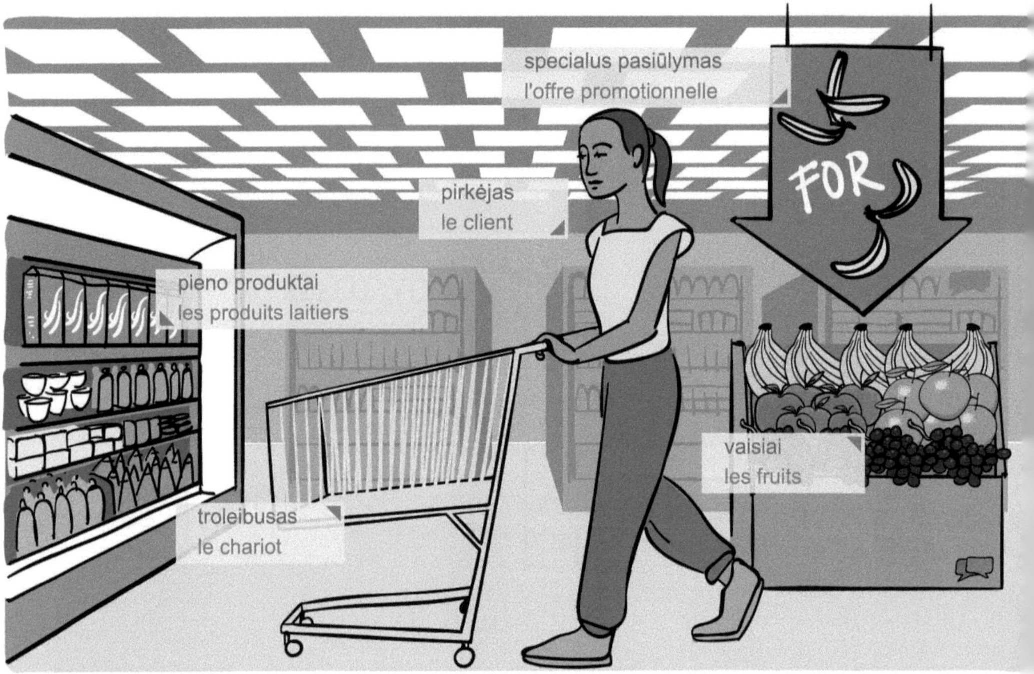

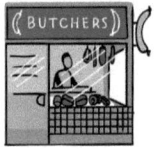

mėsos parduotuvė

la boucherie

BAKERY

kepykla

la boulangerie

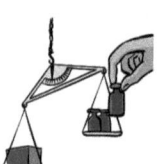

sverti

peser

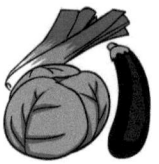

daržovės

les légumes

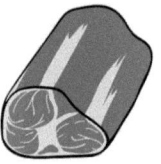

mėsa

la viande

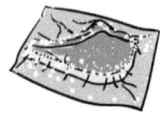

šaldytas maistas

les aliments surgelés

šalti mėsos užkandžiai

la charcuterie

konservai

les conserves

skalbimo milteliai

la poudre à lessive

saldumynai

les bonbons

ūkinės prekės

les articles ménagers

valymo priemonės

les détergents

pardavėja

la vendeuse

kasos aparatas

la caisse

kasininkas

le caissier

pirkinių sąrašas

la liste d'achats

darbo valandos

les heures d'ouverture

piniginė

le portefeuille

kreditinė kortelė

la carte de crédit

maišelis

le sac

plastikinis maišelis

le sac en plastique

vanduo

l'eau

sultys

le jus de fruit

pienas

le lait

kola

le coca

vynas

le vin

alus

la bière

alkoholis

l'alcool

kakava

le chocolat chaud

arbata

le thé

kava

le café

espresas

l'expresso

kapučinas

le cappuccino

bananas

la banane

obuolys

la pomme

apelsinas

l'orange

arbūzas

le melon

citrina

le citron.

morka

la carotte

česnakas

l'ail

bambukas

le bambou

svogūnas

l'oignon

grybas

le champignon

riešutai

les noisettes

makaronai

les pâtes

spagečiai

les spaghetti

ryžiai

le riz

salotos

la salade

traškučiai

les pommes frites

keptos bulvės

les pommes de terre rôties

pica

la pizza

mėsainis

le hamburger

sumuštinis

le sandwich

pjausnys

l'escalope

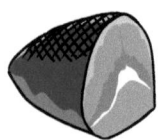

kumpis

le jambon

saliamis

le salami

dešrelė

la saucisse

vištiena

le poulet

kepsnys

le rôti

žuvis

le poisson

avižų dribsniai

les flocons d'avoine

dribsniai su priedais

le muesli

kukurūzų dribsniai

les cornflakes

miltai

la farine

prancūziškasis ragelis

le croissant

bandelė

les petits-pains

duona

le pain

skrebutis

le pain grillé

sausainiai

les biscuits

sviestas

le beurre

varškė

le fromage blanc

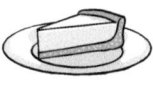

tortas

le gâteau

kiaušinis

l'œuf

kiaušinienė

l'œuf au plat

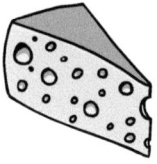

sūris

le fromage

maistas - l'alimentation

ledai

la glace

cukrus

le sucre

medus

le miel

uogienė

la confiture

tepamas šokoladas

la crème nougat

karis

le curry

# ūkininko ūkis
# la ferme

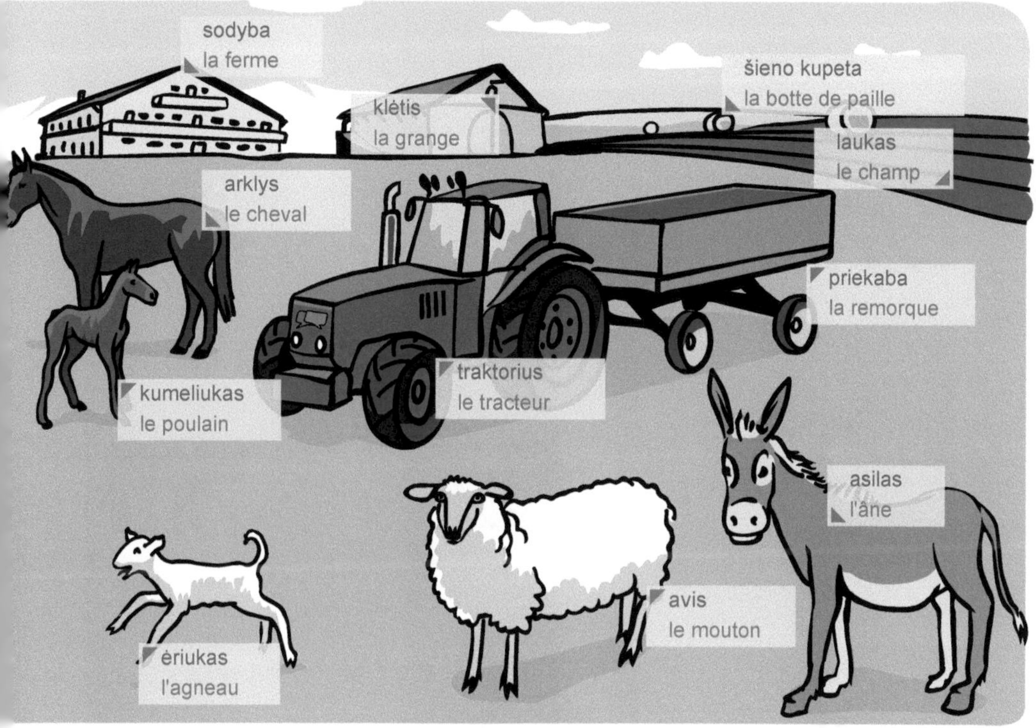
sodyba
la ferme
klėtis
la grange
šieno kupeta
la botte de paille
laukas
le champ
arklys
le cheval
priekaba
la remorque
traktorius
le tracteur
kumeliukas
le poulain
asilas
l'âne
avis
le mouton
ėriukas
l'agneau

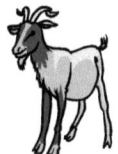

ožys

la chèvre

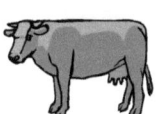

karvė

la vache

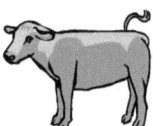

veršis

le veau

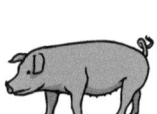

kiaulė

le porc

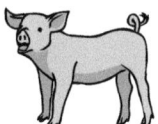

paršelis

le porcelet

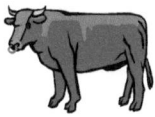

bulius

le taureau

žąsis
l'oie

antis
le canard

viščiukas
le poussin

višta
la poule

gaidys
le coq

žiurkė
le rat

katė
le chat

pelė
la souris

jautis
le bœuf

šuo
le chien

šuns būda
le chenil

sodo namas
le tuyau de jardin

laistytuvas
l'arrosoir

dalgis
la faucheuse

plūgas
la charrue

pjautuvas

la faucille

kauptukas

la pioche

šakės

la fourche

kirvis

la hache

statinė

la brouette

lovys

la cuve

bidonas

le pot à lait

maišas

le sac

tvora

la clôture

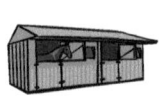

arklidė

l'étable

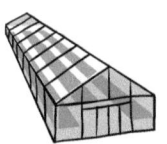

šiltnamis

le serre

dirva

le sol

sėkla

les semences

trąšos

l'engrais

kombainas

la moissonneuse-batteuse

rinkti

récolter

derlius

la récolte

saldžiosios bulvės

l'igname

kviečiai

le blé

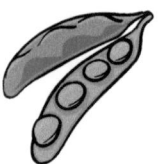

soja

le soja

bulvė

la pomme de terre

kukurūzai

le maïs

rapsai

le colza

vaismedis

l'arbre fruitier

manijokas

le manioc

grūdai

les céréales

# namas

# la maison

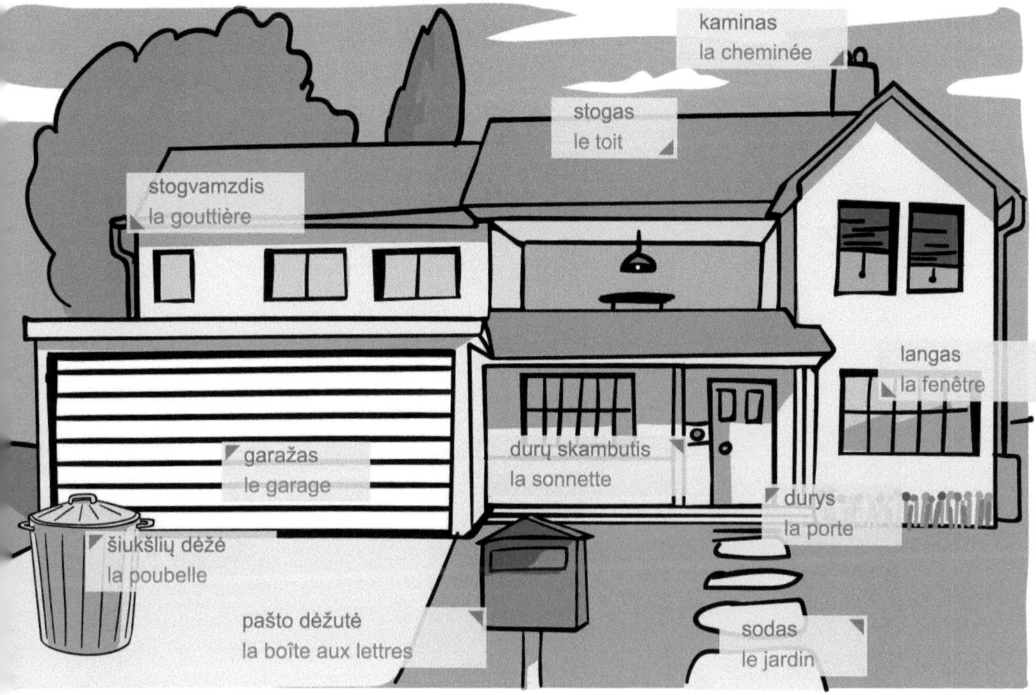
kaminas
la cheminée
stogas
le toit
stogvamzdis
la gouttière
langas
la fenêtre
garažas
le garage
durų skambutis
la sonnette
durys
la porte
šiukšlių dėžė
la poubelle
pašto dėžutė
la boîte aux lettres
sodas
le jardin

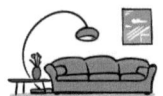

svetainė

le salon

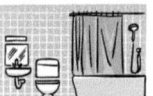

vonios kambarys

la salle de bain

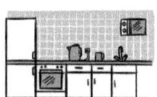

virtuvė

la cuisine

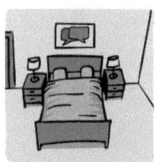

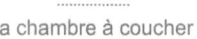

miegamasis

la chambre à coucher

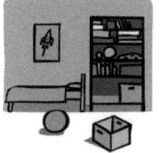

vaiko kambarys

la chambre d'enfant

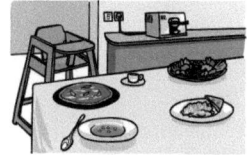

valgomasis

la salle à manger

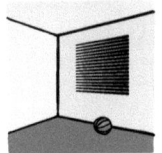

grindys

le sol

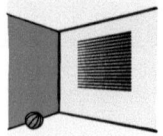

siena

le mur

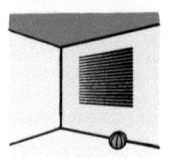

lubos

le plafond

rūsys

la cave

sauna

le sauna

balkonas

le balcon

terasa

la terrasse

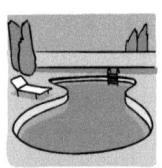

baseinas

la piscine

žoliapjovė

la tondeuse à gazon

paklodė

la housse

lovatiesė

la couette

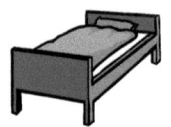

lova

le lit

šluota

le balai

kibiras

le sceau

jungiklis

l'interrupteur

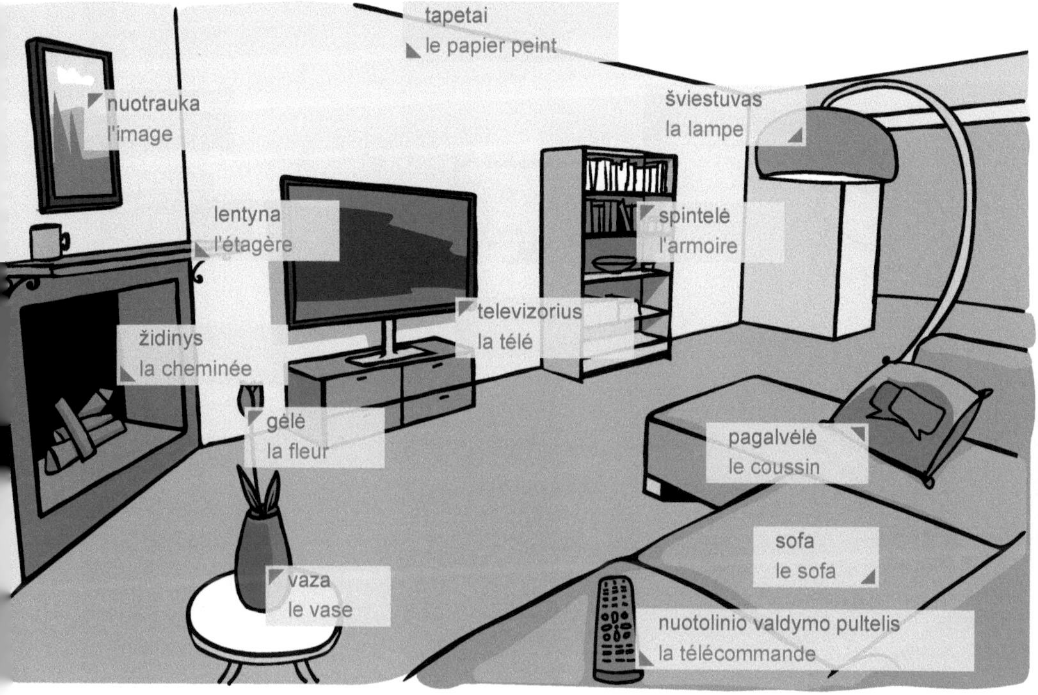

tapetai
le papier peint

nuotrauka
l'image

šviestuvas
la lampe

lentyna
l'étagère

spintelė
l'armoire

televizorius
la télé

židinys
la cheminée

gėlė
la fleur

pagalvėlė
le coussin

sofa
le sofa

vaza
le vase

nuotolinio valdymo pultelis
la télécommande

kilimas
le tapis

užuolaida
le rideau

stalas
la table

kėdė
la chaise

supamasis krėslas
la chaise à bascule

fotelis
le fauteuil

knyga

le livre

antklodė

la couverture

papuošimai

la décoration

malkos

le bois de chauffage

filmas

le film

stereo aparatūra

la chaîne hi-fi

raktas

la clé

laikraštis

le journal

paveikslas

la peinture

plakatas

le poster

radijas

la radio

užrašų knygelė

le bloc-notes

dulkių siurblys

l'aspirateur

kaktusas

le cactus

žvakė

la bougie

# virtuvė
## la cuisine

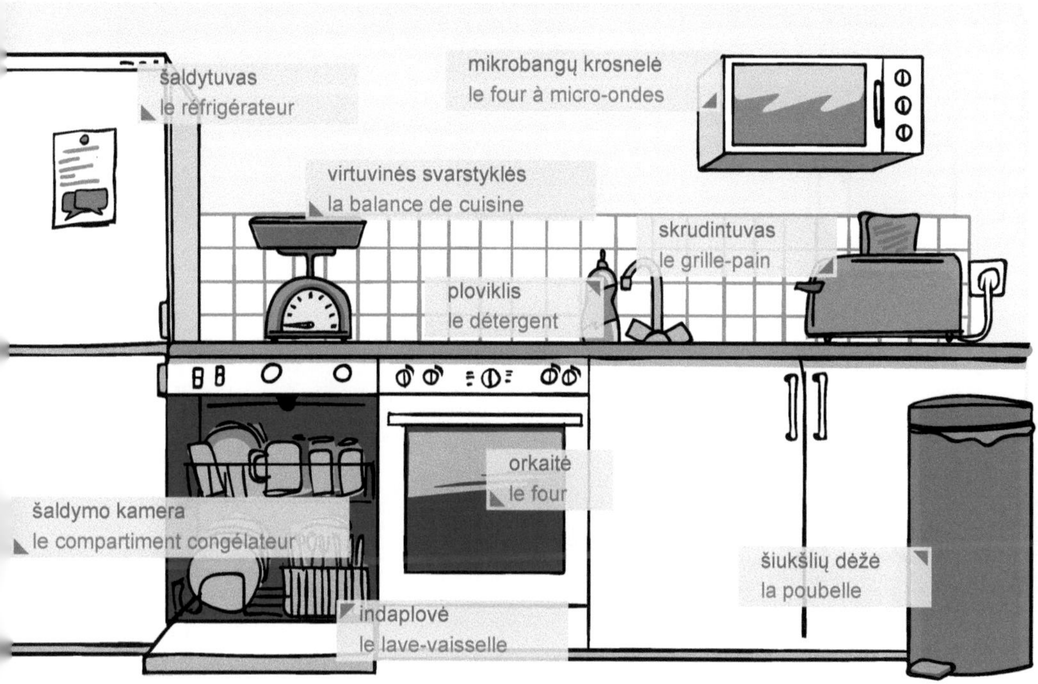
šaldytuvas
le réfrigérateur
mikrobangų krosnelė
le four à micro-ondes
virtuvinės svarstyklės
la balance de cuisine
skrudintuvas
le grille-pain
ploviklis
le détergent
orkaitė
le four
šaldymo kamera
le compartiment congélateur
šiukšlių dėžė
la poubelle
indaplovė
le lave-vaisselle

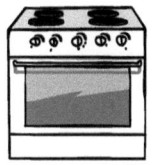

viryklė

le four

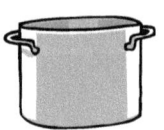

puodas

la casserole

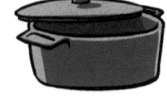

ketaus puodas

la marmite

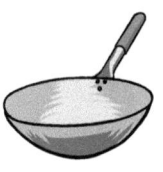

„wok“ keptuvė

le wok / kadai

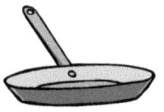

keptuvė

la poêle

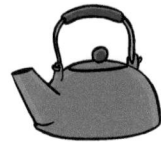

virdulys

la bouilloire electrique

**garų puodas**

le cuiseur vapeur

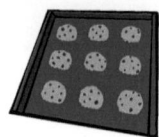

**kepimo skarda**

la plaque de cuisson

**porceliano indai**

la vaisselle

**puodelis**

le gobelet

**dubuo**

la coupe

**valgomosios lazdelės**

les baguettes

**samtis**

la louche

**mentelė**

la spatule

**plaktuvas**

le fouet

**koštuvas**

la passoire

**sietas**

le tamis

**trintuvė**

la râpe

**grūstuvė**

le mortier

**kepsninė**

le barbecue

**atvira liepsna**

la cheminée

pjaustymo lentelė

la planche à découper

kočėlas

le rouleau à pâtisserie

kamščiatraukis

le tire-bouchon

skardinė

la boîte

skardinių atidarytuvas

l'ouvre-boîte

puodkėlė

les maniques

kriauklė

le lavabo

šepetys

la brosse

kempinė

l'éponge

trintuvas

le mixeur

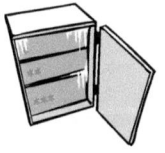

šaldiklis

le congélateur

kūdikių buteliukas

le biberon

čiaupas

le robinet

virtuvė - la cuisine

# vonios kambarys

## la salle de bain

šildymas
le chauffage
rankšluostis
la serviette
dušas
la douche
dušo užuolaidos
le rideau de douche
vonios putos
le bain moussant
vonia
la baignoire
stiklinė
le verre
skalbimo mašina
la machine à laver
čiaupas
le robinet
plytelės
le carrelage
naktinis puodukas
le pot
kriauklė
le lavabo


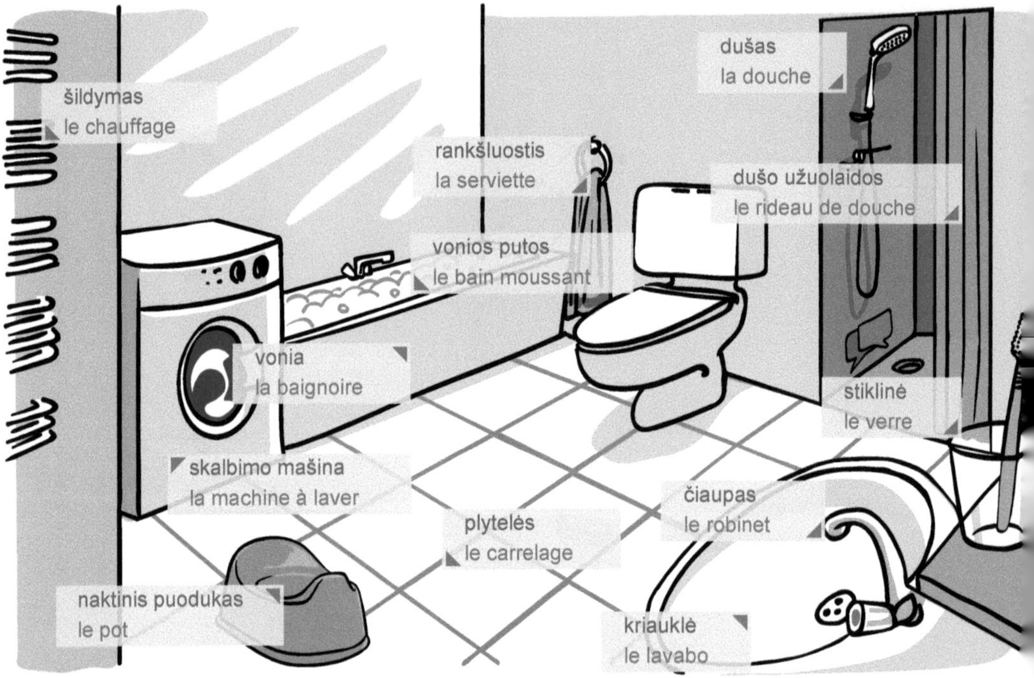

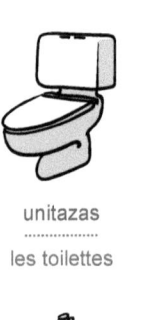

unitazas

les toilettes

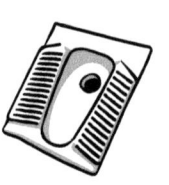

tupimasis unitazas

la toilette à la turque

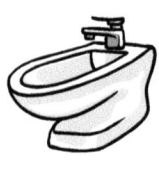

bidė

le bidet

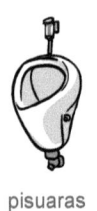

pisuaras

l'urinoir

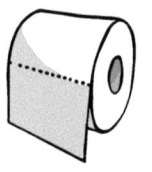

tualetinis popierius

le papier toilette

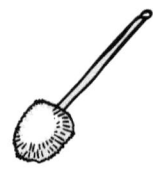

unitazo šepetys

la brosse à toilette

**dantų šepetėlis**

la brosse à dents

**dantų pasta**

le dentifrice

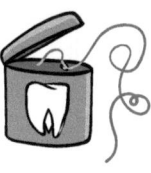

**dantų siūlas**

le fil dentaire

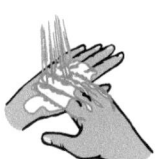

**plauti**

laver

**dušo galvutė**

la douche manuelle

**higieninis dušas**

la douche intime

**praustuvas**

la vasque

**nugaros plaušinė**

la brosse dorsale

**muilas**

le savon

**dušo želė**

le gel douche

**šampūnas**

le shampooing

**plaušinė**

le gant de toilette

**kanalizacija**

l'écoulement

**kremas**

la crème

**dezodorantas**

le déodorant

**veidrodis**

le miroir

**veidrodėlis**

le miroir cosmétique

**skustuvas**

le rasoir

**skutimosi putos**

la mousse à raser

**losjonas po skutimosi**

l'après-rasage

**šukos**

la peigne

**šepetys**

la brosse

**plaukų džiovintuvas**

le sèche-cheveux

**plaukų lakas**

la laque pour cheveux

**makiažas**

le fond de teint

**lūpdažis**

le rouge à lèvres

**nagų lakas**

le vernis à ongles

**vata**

l'ouate

**žirklutės nagams**

le coupe-ongles

**kvepalai**

le parfum

maišelis skalbiniams

la trousse de toilette

taburetė

le tabouret

svarstyklės

le pèse-personne

chalatas

le peignoir

guminės pirštinės

les gants de nettoyage

tamponas

le tampon

higieninis įklotas

es serviettes hygiéniques

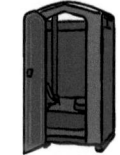

biotualetas

la toilette chimique

# vaiko kambarys
# la chambre d'enfant

žadintuvas
le réveil
pliušinis žaislas
le doudou
žaislinė mašinėlė
la voiture jouet
barškutis
le hochet
lėlės namelis
la maison de poupée
dovana
le cadeau

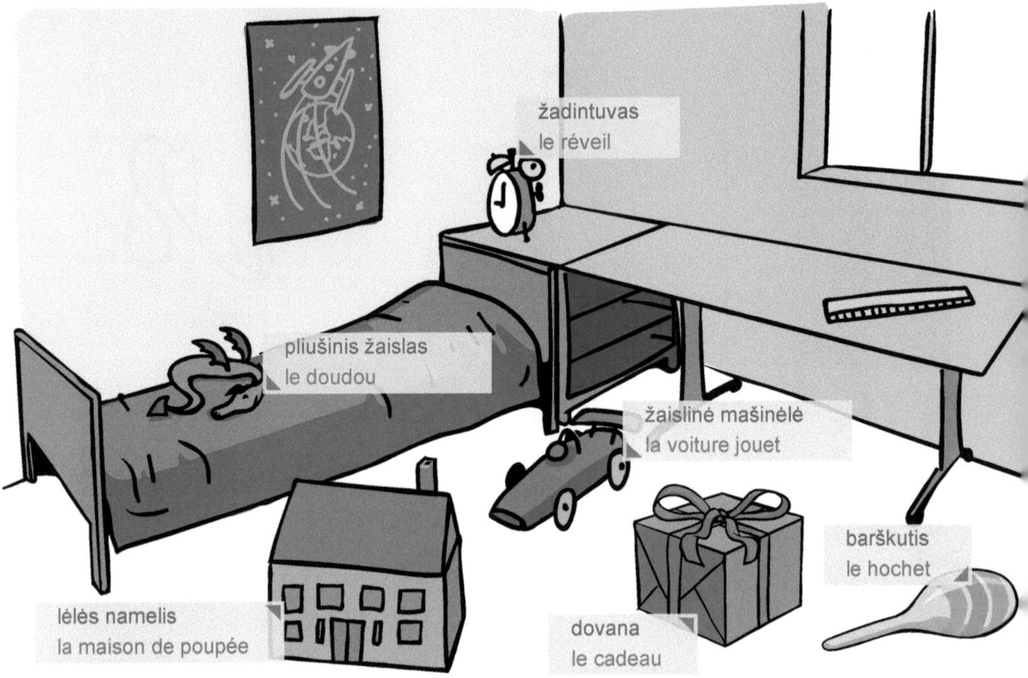

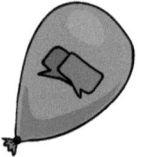

balionas

le ballon

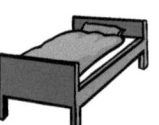

lova

le lit

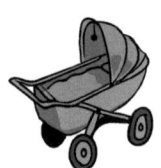

vaikiškas vežimėlis

la poussette

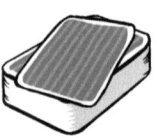

kortų malka

le jeu de cartes

delionė

le puzzle

SUPER
MEGA

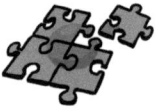

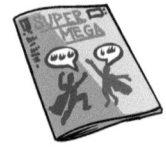

komiksai

la bande dessinée

lego kaladėlės

les pièces lego

žaislinės kaladėlės

les blocs de construction

figūrėlė

la figurine

šliaužtinukai

la grenouillère

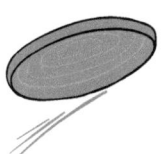

mėtymo lėkštė

le frisbee

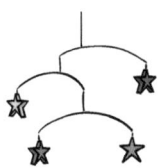

karuselė

le mobile

stalo žaidimas

le jeu de société

kauliukai

le dé

žaislinis traukinys

le train miniature

žindukas

la sucette

vakarėlis

la fête

paveiksliukų knygelė

le livre d'images

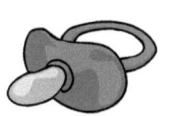

kamuolys

la balle

lėlė

la poupée

žaisti

jouer

smėlio dėžė

le bac à sable

sūpynės

la balançoire

žaislai

les jouets

žaidimų konsolė

la console de jeu

triratukas

le tricycle

meškiukas

l'ours en peluche

drabužių spinta

l'armoire

## drabužis

## les vêtements

kojinės

les chaussettes

kojinės virš kelių

les bas

pėdkelnės

le collant

šalikas
l'écharpe

skėtis
le parapluie

diržas
la ceinture

marškinėliai
le t-shirt

ilgaauliai batai
les bottes

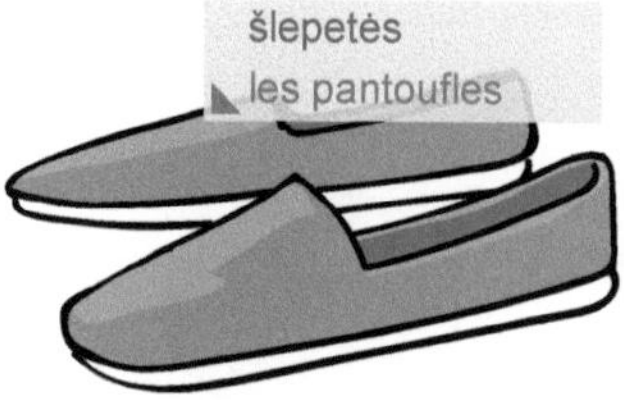

šlepetės
les pantoufles

sportbačiai
les baskets

sandalai
.................
les sandales

batai
.................
les chaussures

guminiai batai
.................
les bottes de caoutchouc

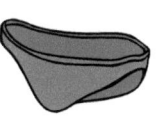

trumpikės
.................
les sous-vêtements

liemenėlė
.................
le soutien-gorge

liemenė
.................
le maillot de corps

**glaustinukė**

le body

**kelnės**

le pantalon

**džinsai**

le jean

**sijonas**

la jupe

**palaidinė**

le chemisier

**marškiniai**

la chemise

**megztinis**

le pull

**megztinis su gobtuvu**

le sweat à capuche

**švarkelis**

la veste

**švarkas**

la veste

**paltas**

le manteau

**lietpaltis**

l'imperméable

**kostiumas**

le costume

**suknelė**

la robe

**vestuvinė suknelė**

la robe de mariée

kostiumas

le costume

naktiniai marškiniai

la chemise de nuit

pižama

le pyjama

saris

le sari

skarelė

le foulard

tiurbanas

le turban

burka

la burqa

kaftanas

le caftan

abaja

l'abaya

maudymosi kostiumėlis

le maillot de bain

glaudės

le maillot de bain

šortai

le short

sportinis kostiumas

la tenue d'entraînement

prijuostė

le tablier

pirštinės

les gants

saga

le bouton

akiniai

les lunettes

apyrankė

le bracelet

vėrinys

le collier

žiedas

la bague

auskaras

la boucle d'oreille

kepurė

le bonnet

pakabas

le cintre

skrybėlė

le chapeau

kaklaraištis

la cravate

užtrauktukas

la fermeture éclair

šalmas

le casque

breketai

les bretelles

mokyklinė uniforma

l'uniforme scolaire

uniforma

l'uniforme

seilinukas
le bavoir

žindukas
la sucette

vystyklai
la lange

# biuras
# le bureau

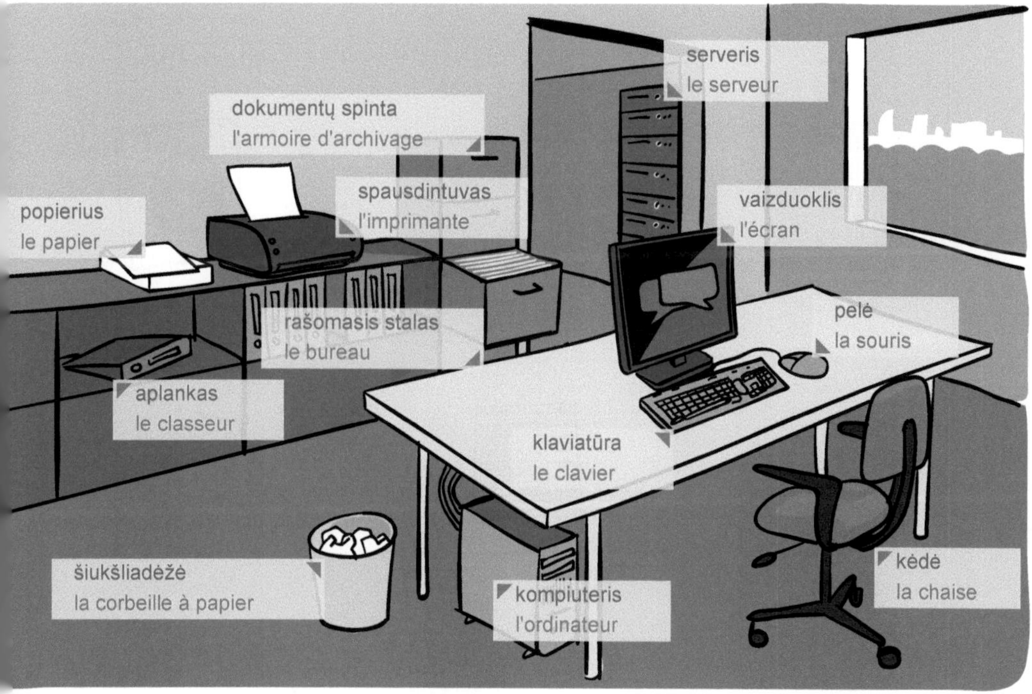

serveris
le serveur

dokumentų spinta
l'armoire d'archivage

spausdintuvas
l'imprimante

vaizduoklis
l'écran

popierius
le papier

rašomasis stalas
le bureau

pelė
la souris

aplankas
le classeur

klaviatūra
le clavier

šiukšliadėžė
la corbeille à papier

kompiuteris
l'ordinateur

kėdė
la chaise

kavos puodelis
la tasse de café

kalkuliatorius
la calculatrice

internetas
l'internet

nešiojamasis kompiuteris

l'ordinateur portable

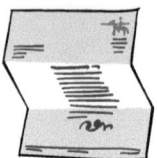

laiškas

la lettre

žinutė

le message

mobilusis telefonas

le portable

tinklas

le réseau

fotokopijavimo aparatas

la photocopieuse

programinė įranga

le logiciel

telefonas

le téléphone

kištukinis lizdas

la prise

faksas

le fax

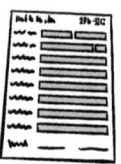

forma

le formulaire

dokumentas

le document

pirkti

acheter

mokėti

payer

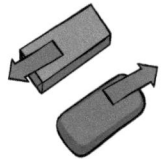

prekiauti

faire du commerce

pinigai

la monnaie

doleris

le dollar

euras

l'euro

jena

le yen

rublis

le rouble

Šveicarijos frankas

le franc suisse

juanis

le renminbi yuan

rupija

la roupie

bankomatas

le distributeur automatique

valiutos keitykla

le bureau de change

auksas

l'or

sidabras

l'argent

nafta

le pétrole

energija

l'énergie

kaina

le prix

sutartis

le contrat

mokestis

la taxe

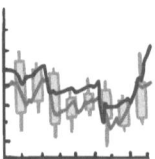

akcijos

l'action

dirbti

travailler

darbuotojas

l'employé

darbdavys

l'employeur

gamykla

l'usine

parduotuvė

le magasin

# profesijos
# les professions

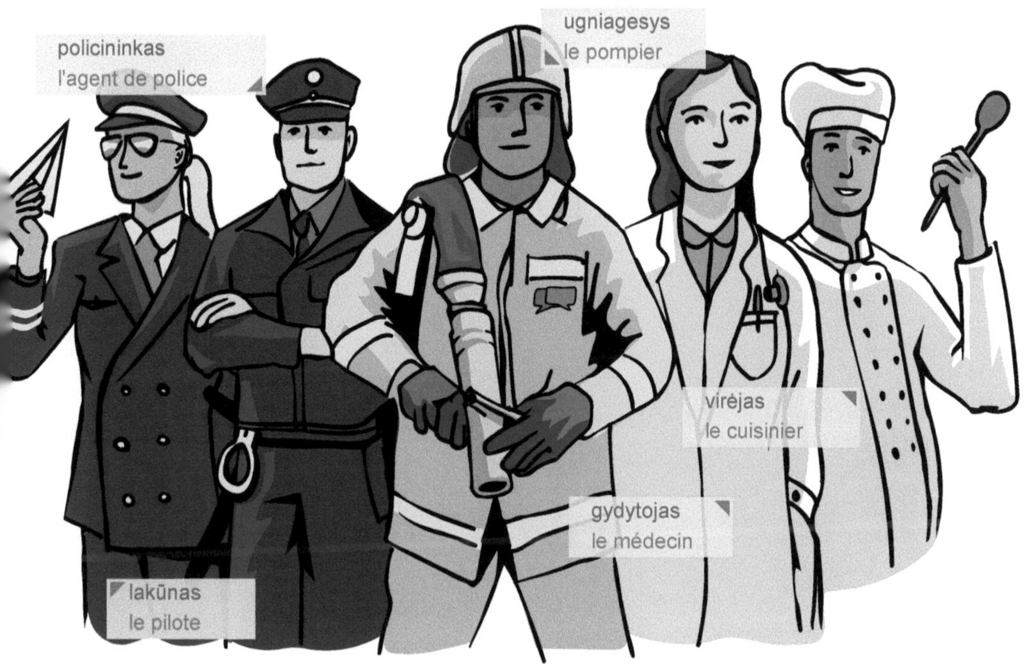
policininkas
l'agent de police
ugniagesys
le pompier
virėjas
le cuisinier
gydytojas
le médecin
lakūnas
le pilote

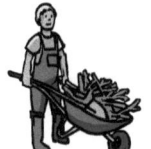

sodininkas

le jardinier

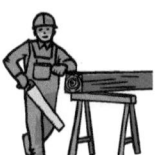

stalius

le menuisier

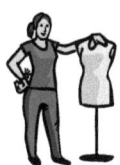

siuvėja

la couturière

teisėjas

le juge

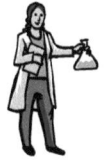

chemikas

le chimiste

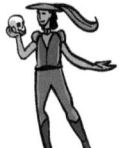

aktorius

l'acteur

autobuso vairuotojas

le conducteur de bus

taksi vairuotojas

le chauffeur de taxi

žvejys

le pêcheur

valytoja

la femme de ménage

stogdengys

le couvreur

padavėjas

le serveur

medžiotojas

le chasseur

dailininkas

le peintre

kepėjas

le boulanger

elektrikas

l'électricien

statybininkas

l'ouvrier

inžinierius

l'ingénieur

mėsininkas

le boucher

santechnikas

le plombier

paštininkas

le facteur

kareivis

le soldat

architektas

l'architecte

kasininkas

le caissier

gėlininkas

le fleuriste

kirpėjas

le coiffeur

konduktorius

le contrôleur

mechanikas

le mécanicien

kapitonas

le capitaine

odontologas

le dentiste

mokslininkas

le scientifique

rabinas

le rabbin

imamas

l'imam

vienuolis

le moine

kunigas

le prêtre

# įrankiai
## les outils

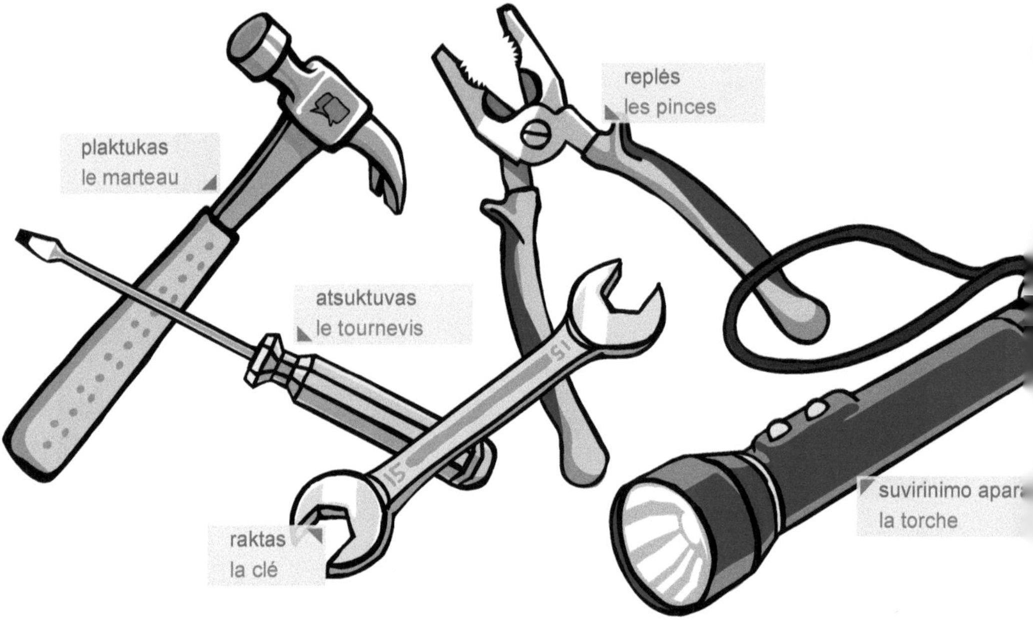

plaktukas
le marteau
replės
les pinces
atsuktuvas
le tournevis
raktas
la clé
suvirinimo apar
la torche


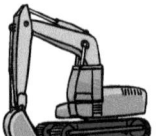

ekskavatorius

la pelleteuse

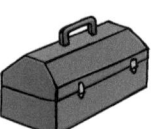

įrankių dėžė

la boîte à outils

kopėčios

l'échelle

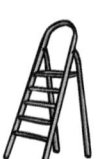

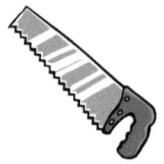

pjūklas

la scie

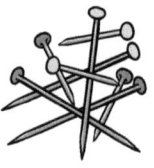

vinys

les clous

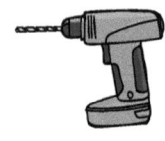

grąžtas

la perceuse

taisyti
·················
réparer

kastuvas
·················
la pelle

Velniava!
·················
Mince !

semtuvėlis
·················
la pelle

dažų skardinė
·················
le pot de peinture

varžtai
·················
les vis

## muzikos instrumentai
## les instruments de musique

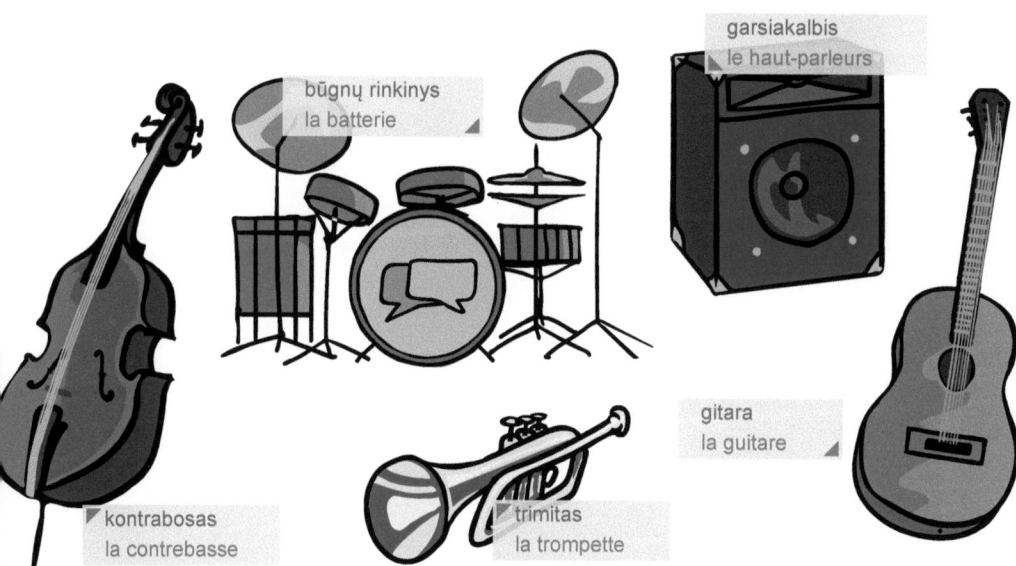

garsiakalbis
le haut-parleurs

būgnų rinkinys
la batterie

kontrabosas
la contrebasse

trimitas
la trompette

gitara
la guitare

pianinas

le piano

smuikas

le violon

bosinė gitara

la basse

timpanas

les timbales

būgnai

le tambour

sintezatorius

le piano électrique

saksofonas

le saxophone

fleita

la flûte

mikrofonas

le microphone

# zoologijos sodas

## le zoo

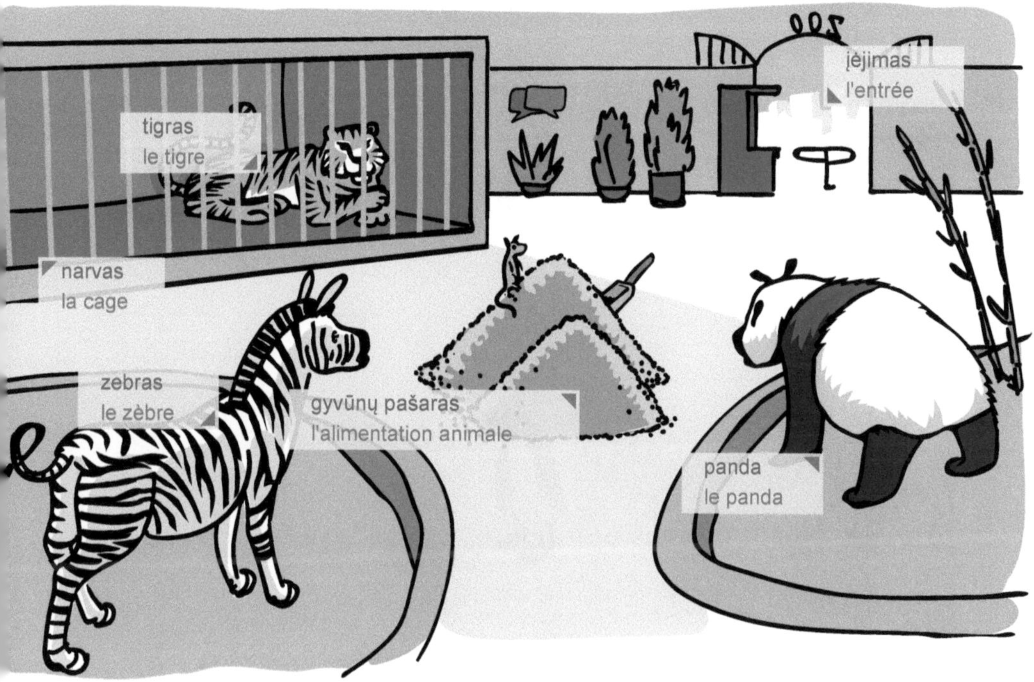

įėjimas
l'entrée
tigras
le tigre
narvas
la cage
zebras
le zèbre
gyvūnų pašaras
l'alimentation animale
panda
le panda


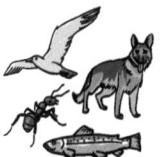

gyvūnai

les animaux

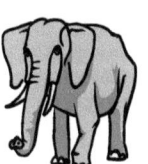

dramblys

l'éléphant

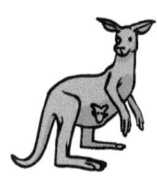

kengūra

le kangourou

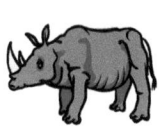

raganosis

le rhinocéros

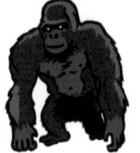

gorila

le gorille

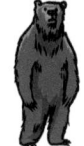

meška

l'ours

kupranugaris

le chameau

strutis

l'autruche

liūtas

le lion

beždžionė

le singe

flamingas

le flamand rose

papūga

le perroquet

baltoji meška

l'ours polaire

pingvinas

le pingouin

ryklys

le requin

povas

le paon

gyvatė

le serpent

krokodilas

le crocodile

zoologijos sodo prižiūrėtojas

le gardien de zoo

ruonis

le phoque

jaguaras

le jaguar

ponis

le poney

leopardas

le léopard

begemotas

l'hippopotame

žirafa

la girafe

erelis

l'aigle

šernas

le sanglier

žuvis

le poisson

vėžlys

la tortue

vėplys

le morse

lapė

le renard

gazelė

la gazelle

amerikietiškas futbolas
l'american Football

dviračių sportas
le cyclisme

tenisas
le tennis

krepšinis
le basket-ball

plaukimas
la natation

boksas
la boxe

ledo ritulys
le hockey sur glace

futbolas
le football

badmintonas
le badminton

atletika
l'athlétisme

rankinis
le handball

slidinėjimas
le ski

polas
le polo

# užsiėmimai
# les activités

juoktis
rire
šokinėti
sauter
apkabinti
embrasser
vaikščioti
marcher
dainuoti
chanter
svajoti
rêver
melstis
prier
bučiuoti
faire la bise


A


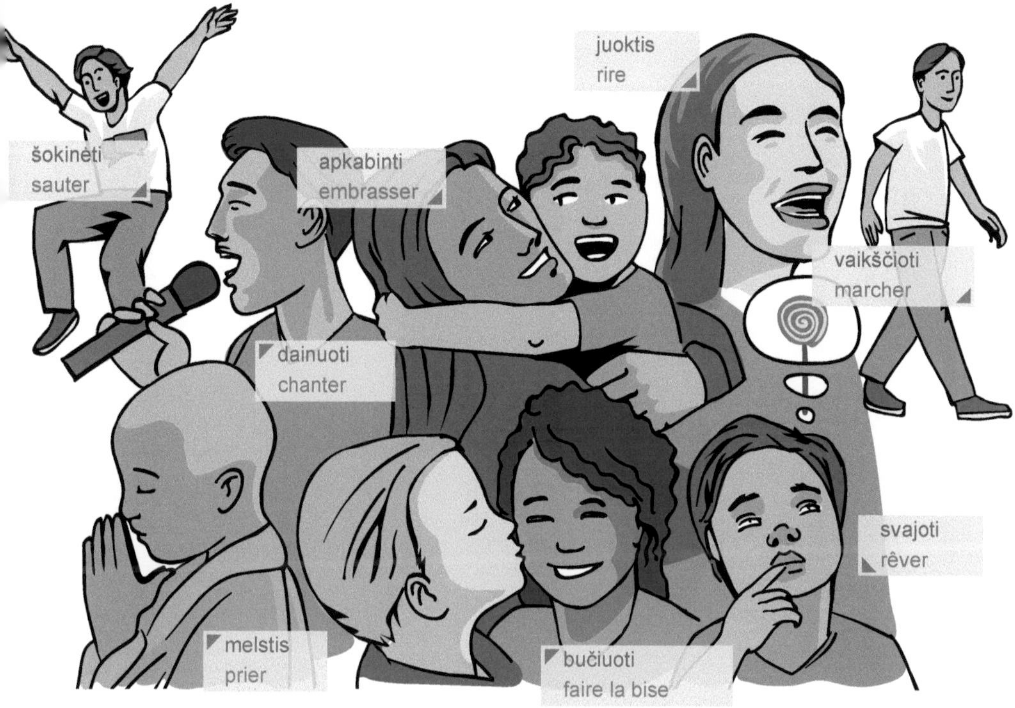

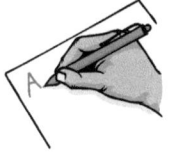

rašyti

écrire

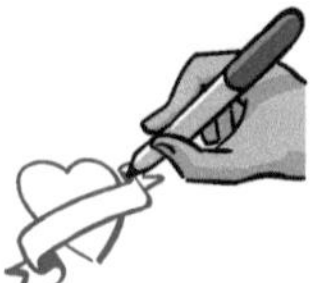

piešti

dessiner

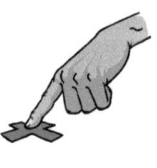

rodyti

montrer

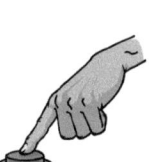

stumti

pousser

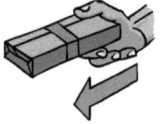

duoti

donner

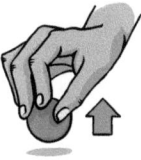

imti

prendre

turėti

avoir

daryti

faire

būti

être

stovėti

être debout

bėgti

courir

traukti

trier

mesti

jeter

kristi

tomber

meluoti

être couché

laukti

attendre

nešti

porter

sėdėti

être assis

rengtis

s'habiller

miegoti

dormir

pabusti

se réveiller

žiūrėti

regarder

verkti

pleurer

glostyti

caresser

šukuoti

peigner

kalbėti

parler

suprasti

comprendre

paklausti

demander

klausytis

écouter

gerti

boire

valgyti

manger

tvarkytis

ranger

mylėti

aimer

gaminti

cuire

vairuoti

conduire

skristi

voler

buriuoti

faire de la voile

skaičiuoti

calculer

skaityti

lire

mokytis

apprendre

dirbti

travailler

vesti

se marier

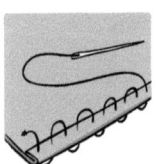

siūti

coudre

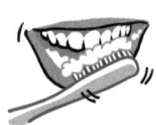

valytis dantis

brosser les dents

žudyti

tuer

rūkyti

fumer

siųsti

envoyer

# šeima
# la famille

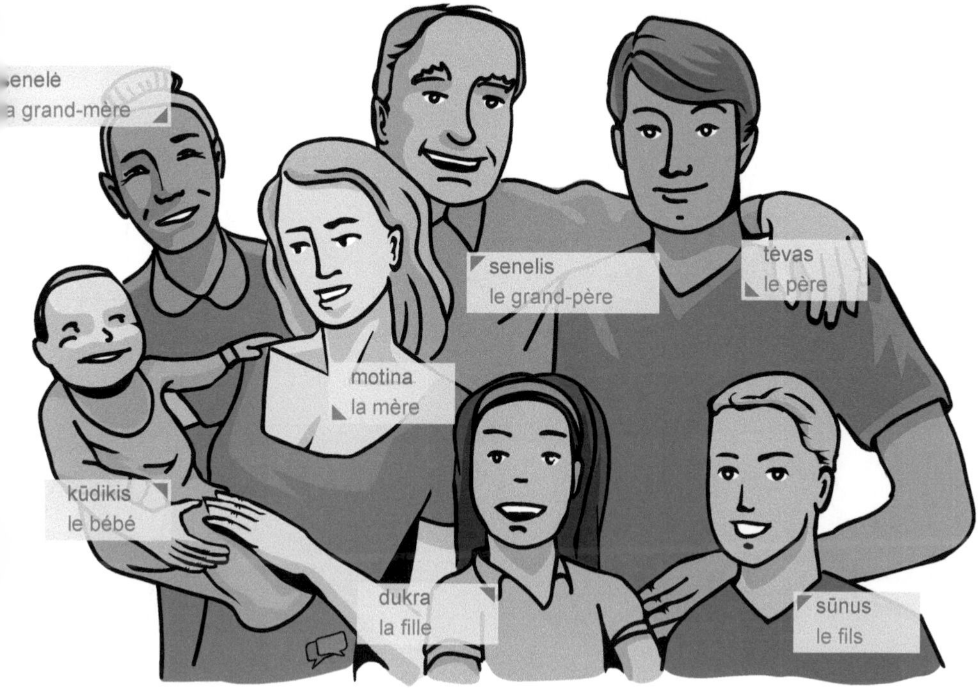
enelė
a grand-mère
senelis
le grand-père
tėvas
le père
motina
la mère
kūdikis
le bébé
dukra
la fille
sūnus
le fils

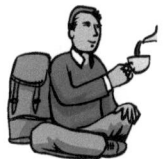

svečias

l'hôte

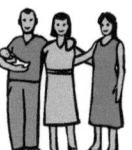

teta

la tante

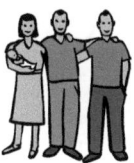

dėdė

l'oncle

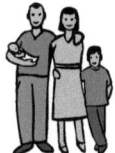

brolis

le frère

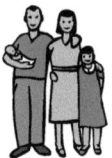

sesuo

la sœur

# kūnas

# le corps

kakta
le front
akis
l'œil
petys
l'épaule
pirštas
le doigt
veidas
le visage
smakras
le menton
plaštaka
la main
koja
la jambe
krūtinė
la poitrine
ranka
le bras

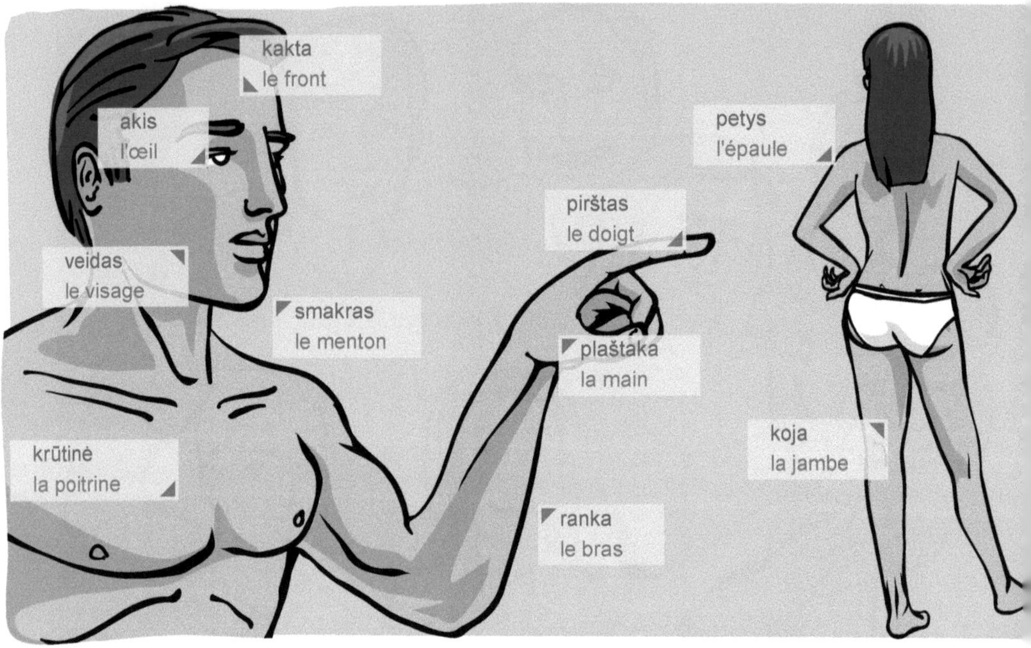

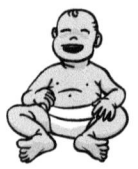

kūdikis

le bébé

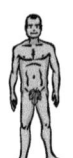

vyras

l'homme

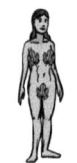

moteris

la femme

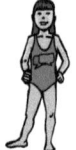

mergaitė

la fille

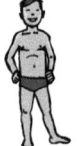

berniukas

le garçon

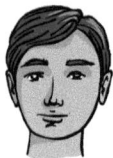

galva

la tête

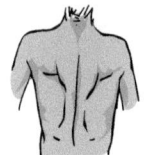

**nugara**

le dos

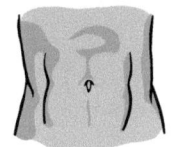

**pilvas**

le ventre

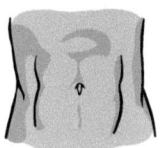

**bamba**

le nombril

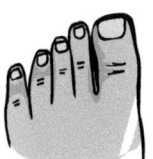

**kojos pirštas**

l'orteil

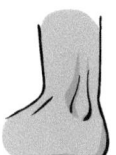

**kulnas**

le talon

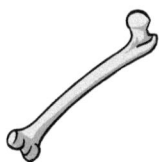

**kaulas**

l'os

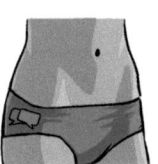

**klubas**

la hanche

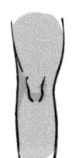

**kelis**

le genou

**alkūnė**

le coude

**nosis**

le nez

**sėdmenys**

les fesses

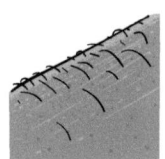

**oda**

la peau

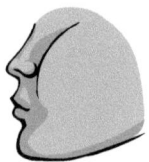

**skruostas**

la joue

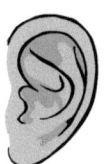

**ausis**

l'oreille

**lūpa**

la lèvre

burna

la bouche

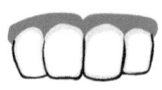

dantis

la dent

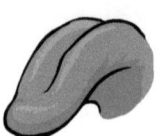

liežuvis

la langue

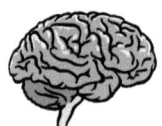

smegenys

le cerveau

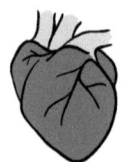

širdis

le cœur

raumuo

le muscle

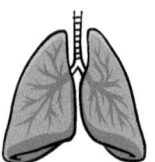

plaučiai

les poumons

kepenys

le foie

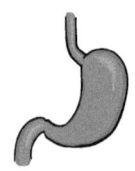

skrandis

l'estomac

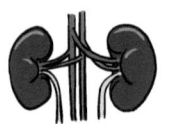

inkstai

les reins

seksas

le rapport sexuel

prezervatyvas

le préservatif

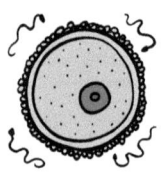

kiaušialąstė

l'ovule

sperma

le sperme

nėštumas

la grossesse

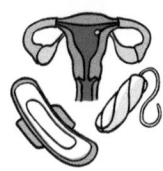

menstruacijos
..................
la menstruation

makštis
..................
le vagin

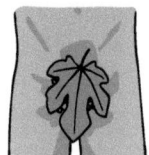

varpa
..................
le pénis

antakis
..................
le sourcil

plaukai
..................
les cheveux

kaklas
..................
le cou

# ligoninė

# l'hôpital

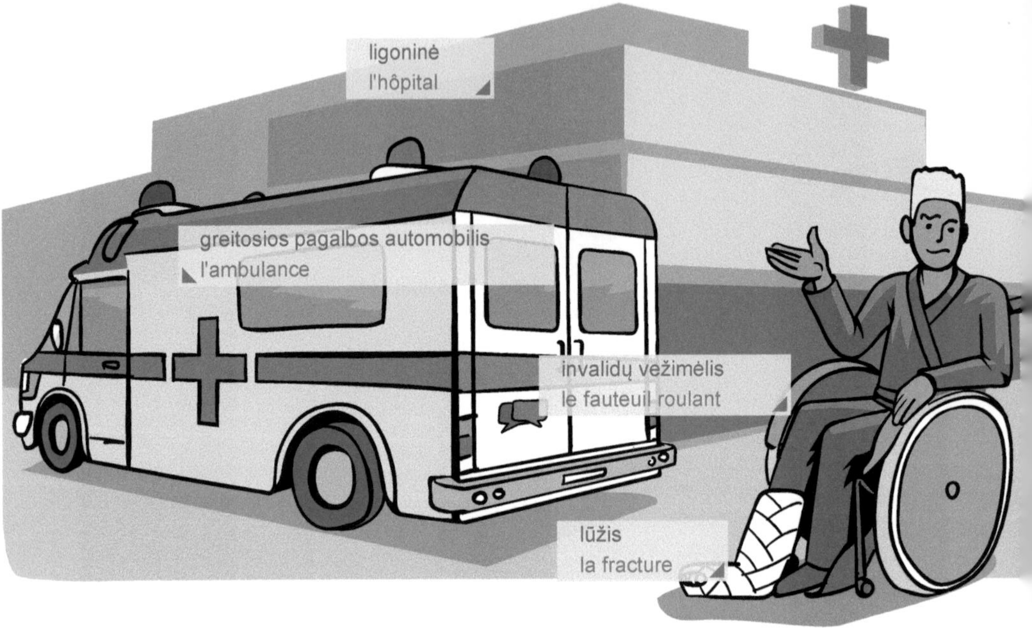

ligoninė
l'hôpital
greitosios pagalbos automobilis
l'ambulance
invalidų vežimėlis
le fauteuil roulant
lūžis
la fracture

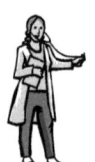

gydytojas

le médecin

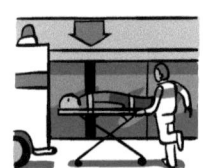

skubios pagalbos skyrius

le service des urgences

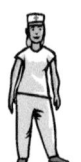

slaugytoja

l'infirmière

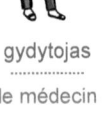

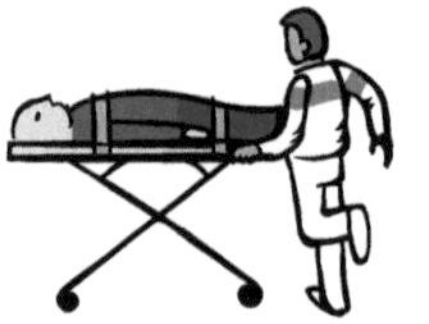

nelaimingas atsitikimas

l'urgence

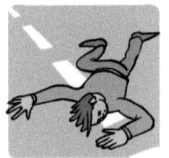

be sąmonės

inconscient

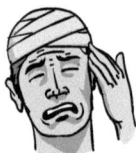

skausmas

la douleur

sužalojimas

la blessure

kraujavimas

l'hémorragie

širdies smūgis

la crise cardiaque

insultas

l'attaque cérébrale

alergija

l'allergie

kosulys

la toux

karščiavimas

la fièvre

gripas

la grippe

viduriavimas

la diarrhée

galvos skausmas

le mal de tête

vėžys

le cancer

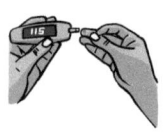

diabetas

le diabète

chirurgas

le chirurgien

skalpelis

le scalpel

operacija

l'opération

KT

le CT

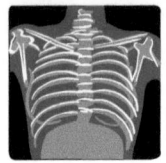

rentgenas

la radiographie

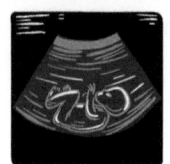

ultragarsas

l'échographie

veido kaukė

le masque

liga

la maladie

laukiamasis

la salle d'attente

ramentas

la béquille

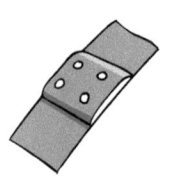

gipsas

le pansement

tvarstis

le pansement

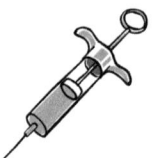

injekcija

l'injection

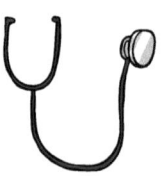

stetoskopas

le stéthoscope

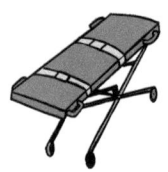

neštuvai

le brancard

termometras

le thermomètre

gimimas

l'accouchement

antsvoris

la surcharge pondérale

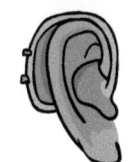

klausos aparatas

l'appareil auditif

dezinfekavimo priemonė

le désinfectant

infekcija

l'infection

virusas

le virus

ŽIV / AIDS

le VIH / le sida

vaistas

le médicament

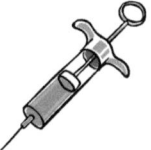

skiepijimas

la vaccination

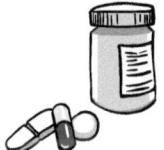

tabletės

les comprimés

piliulė

la pilule

skubios pagalbos numeris

l'appel d'urgence

kraujospūdžio matuoklis

le tensiomètre

ligotas / sveikas

malade / sain

ligoninė - l'hôpital

Padėkite!

Au secours !

pavojaus signalas

l'alarme

užpuolimas

l'assaut

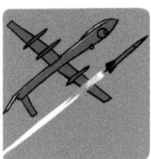

ataka

l'attaque

pavojus

le danger

avarinis išėjimas

la sortie de secours

Gaisras!

Au feu!

gesintuvas

l'extincteur

nelaimingas atsitikimas

l'accident

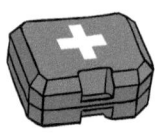

pirmosios pagalbos rinkinys

la trousse de premier
secours

SOS

SOS

policija

la police

Europa

l'Europe

Šiaurės Amerika

l'Amérique du Nord

Pietų Amerika

l'Amérique du Sud

Afrika

l'Afrique

Azija

l'Asie

Australija

l'Australie

Atlanto vandenynas

l'Océan atlantique

Ramusis vandenynas

l'Océan pacifique

Indijos vandenynas

l'Océan indien

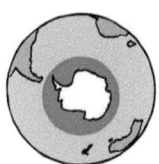

Pietų vandenynas

l'Océan antarctique

Arkties vandenynas

l'Océan arctique

Šiaurės ašigalis

le Pôle nord

Pietų ašigalis

le Pôle sud

Antarktida

l'Antarctique

Žemė

la terre

sausuma

le pays

jūra

la mer

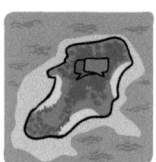

sala

l'île

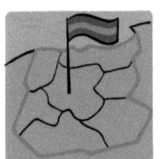

tauta

la nation

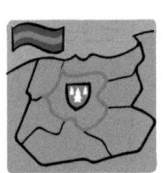

valstybė

l'état

ciferblatas

le cadran

valandinė rodyklė

l'aiguille des heures

minutinė rodyklė

l'aiguille des minutes

sekundinė rodyklė

l'aiguille des secondes

Kiek valandų?

Quelle heure est-il ?

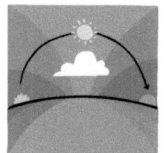

diena

le jour

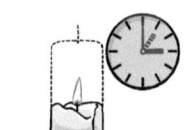

laikas

le temps

dabar

maintenant

skaitmeninis laikrodis

la montre digitale

minutė

la minute

valanda

l'heure

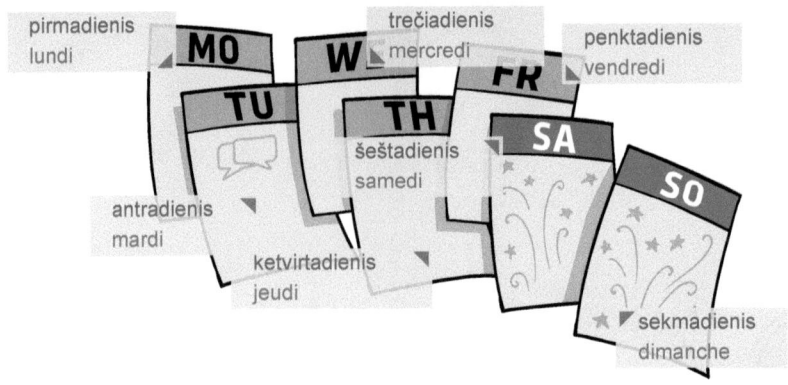

pirmadienis
lundi

trečiadienis
mercredi

penktadienis
vendredi

antradienis
mardi

šeštadienis
samedi

ketvirtadienis
jeudi

sekmadienis
dimanche

vakar

hier

šiandien

aujourd'hui

rytoj

demain

rytas

le matin

vidurdienis

le midi

vakaras

le soir

darbo dienos

les jours ouvrables

savaitgalis

le week-end

# metai
## l'année

lietus
la pluie
vaivorykštė
l'arc-en-ciel
sniegas
la neige
vėjas
le vent
pavasaris
le printemps
ruduo
l'automne
vasara
l'été
žiema
l'hiver


4.APRIL 11°
5.APRIL 4°
6.APRIL 13°
7.APRIL 8°
8.APRIL 10°


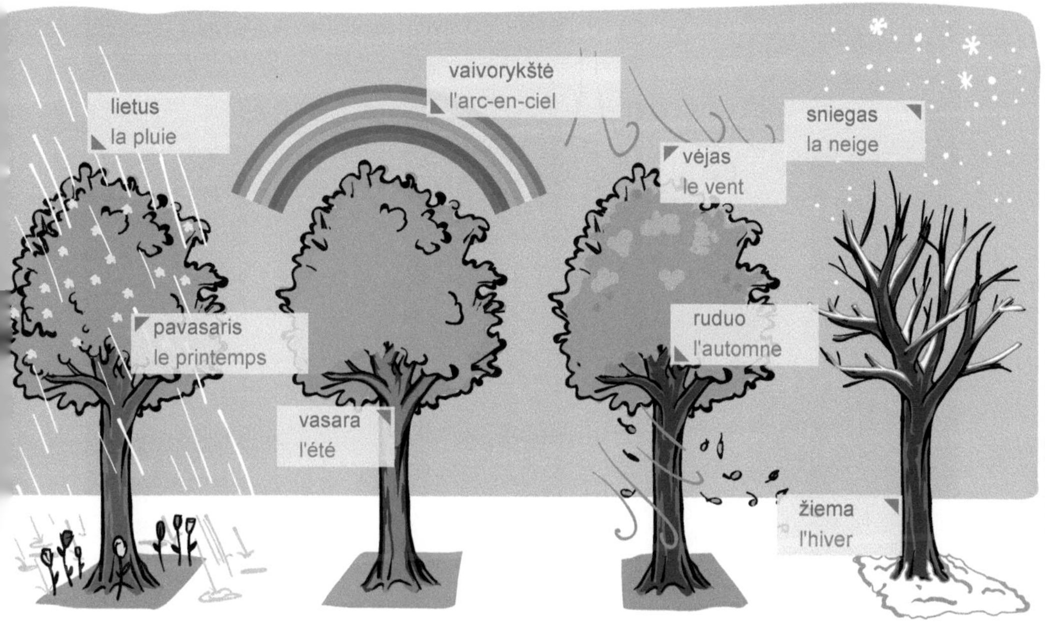

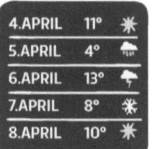

orų prognozė

la météo

F C
120 90 60 30 0 -30
40 30 20 10 0 -10 -20


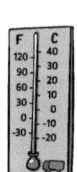

lauko termometras

le thermomètre

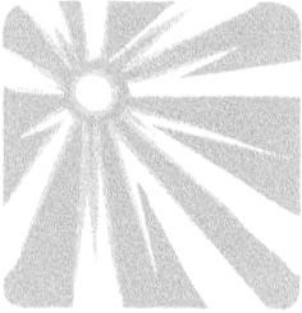

saulės šviesa

la lumière du soleil

debesis

le nuage

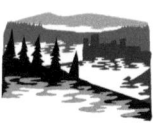

rūkas

le brouillard

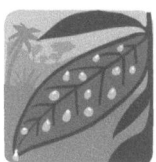

drėgmė

l'humidité

žaibas

la foudre

griaustinis

la tonnerre

audra

la tempête

kruša

la grêle

musonas

la mousson

potvynis

l'inondation

ledas

la glace

sausis

janvier

vasaris

février

kovas

mars

balandis

avril

gegužė

mai

birželis

juin

liepa

juillet

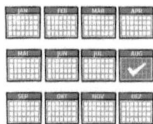

rugpjūtis

août

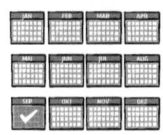

rugsėjis
....................
septembre

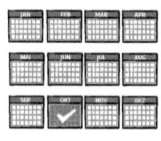

spalis
....................
octobre

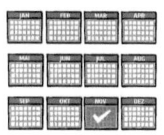

lapkritis
....................
novembre

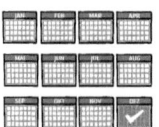

gruodis
....................
décembre

# formos

## les formes

apskritimas
....................
le cercle

kvadratas
....................
le carré

stačiakampis
....................
le rectangle

trikampis
....................
le triangle

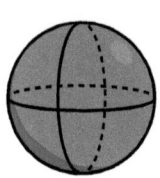

sfera
....................
la sphère

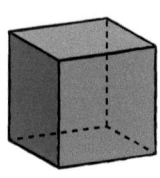

kubas
....................
le cube

balta

blanc

geltona

jaune

oranžinė

orange

rožinė

rose

raudona

rouge

violetinė

violet

mėlyna

bleu

žalia

vert

ruda

marron

pilka

gris

juoda

noir

daug / mažai

beaucoup / peu

piktas / ramus

fâché / calme

gražus / bjaurus

joli / laid

pradžia / pabaiga

le début / la fin

didelis / mažas

grand / petit

šviesus / tamsus

clair / obscure

brolis / sesuo

frère / soeur

švarus / purvinas

propre / sale

užbaigtas / neužbaigtas

complet / incomplet

diena / naktis

le jour / la nuit

miręs / gyvas

mort / vivant

platus / siauras

large / étroit

valgomas / nevalgomas

comestible / incomestible

piktas / malonus

méchant / gentil

linksmas / nuobodus

excité / ennuyé

storas / plonas

gros / mince

pirmiausia / paskiausia

le premier / le dernier

draugas / priešas

l'ami / l'ennemi

pilnas / tuščias

plein / vide

kietas / minkštas

dur / souple

sunkus / lengvas

lourd / léger

alkis / troškulys

faim / soif

ligotas / sveikas

malade / sain

nelegalus / legalus

illégal / légal

protingas / kvailas

intelligent / stupide

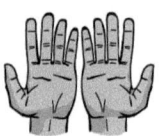

kairė / dešinė

gauche / droite

arti / toli

proche / loin

**naujas / naudotas**

nouveau / usé

**niekas / kažkas**

rien / quelque chose

**senas / jaunas**

vieux / jeune

**įjungta / išjungta**

marche / arrêt

**atidaryta / uždaryta**

ouvert / fermé

**tylus / garsus**

faible / fort

**turtingas / vargšas**

riche / pauvre

**teisus / neteisus**

correct / incorrect

**šiurkštus / švelnus**

rugueux / lisse

**liūdnas / laimingas**

triste / heureux

**trumpas / ilgas**

court / long

**lėtas / greitas**

lent / rapide

**drėgnas / sausas**

mouillé / sec

**šiltas / šaltas**

chaud / froid

**karas / taika**

la guerre / la paix

**0**

nulis

zéro

**1**

vienas

un / une

**2**

du

deux

**3**

trys

trois

**4**

keturi

quatre

**5**

penki

cinq

**6**

šeši

six

**7**

septyni

sept

**8**

aštuoni

huit

**9**

devyni

neuf

**10**

dešimt

dix

**11**

vienuolika

onze

**12**

dvylika

douze

**13**

trylika

treize

**14**

keturiolika

quatorze

**15**

penkiolika

quinze

**16**

šešiolika

seize

**17**

septyniolika

dix-sept

**18**

aštuoniolika

dix-huit

**19**

devyniolika

dix-neuf

**20**

dvidešimt

vingt

**100**

šimtas

cent

**1.000**

tūkstantis

mille

**1.000.000**

milijonas

le million

skaičiai - les nombres

anglų

l'anglais

amerikiečių anglų

l'anglais américain

kinų (mandarinų)

le chinois mandarin

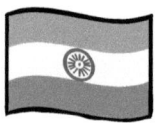

hindi

le hindi

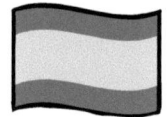

ispanų

l'espagnol

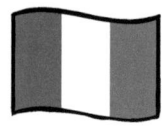

prancūzų

le français

arabų

l'arabe

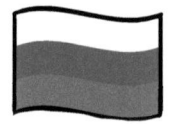

rusų

le russe

portugalų

le portugais

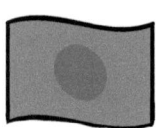

bengalų

le bengali

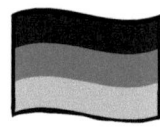

vokiečių

l'allemand

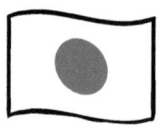

japonų

le japonais

aš

je

tu

tu

jis / ji

il / elle / ce, c', cela

mes

nous

jūs

vous

jie

ils / elles

kas?

Qui ?

ką?

Quoi ?

kaip?

Comment ?

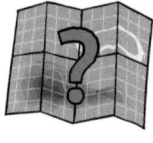

kur?

Où ?

kada?

Quand ?

vardas

le nom

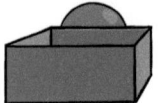

už
derrière

kur (vieta)
dans

priešais
devant

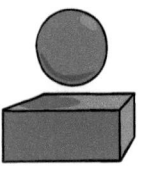

virš
au-dessus

ant
sur

po
en-dessous

prie
à côté de

tarp
entre

vieta
le lieu